Simón

y el Ratoncito Pérez

Texto de Sophie de Mullenheim
Ilustraciones de Romain Guyard

AUZOU

A Simón se le acaba de caer su primer diente.
¡Qué emoción!
—Ponlo debajo de la almohada —le dice su madre—.
El Ratoncito Pérez pasará a recogerlo esta noche.

—¿Podré verlo? —pregunta Simón.
—No. El Ratoncito Pérez solo viene cuando los niños duermen. Cogerá el diente y te dejará un regalito a cambio.

Simón no tiene ganas de dormir.
Quiere ver y conocer al Ratoncito Pérez.
Así que se sienta en su cama con los brazos
cruzados y los ojos bien abiertos.

Coge un libro y un vaso de leche con galletas
para aguantar toda la noche si fuese necesario.

¡Y de repente ahí está! El Ratoncito Pérez, en persona, sobre su almohada.

—Hola, Simón —le saluda—. He oído que se te ha caído un diente.

—Sí —le responde el mapache un poco tímido—. Por cierto, ¿dónde vives, Ratoncito Pérez?

—Mira, ven conmigo, te lo enseñaré.

Simón no se hace de rogar, salta de la cama y sigue al Ratoncito Pérez.

Simón y el Ratoncito Pérez caminan un buen rato. Atraviesan el bosque y después campos, ríos y más campos…
Al fin llegan a una estación. En ella hay decenas de ratoncitos transportando cestas llenas de dientes.

RATONLA

22

23

Salida diente sur →

← Salida diente norte

DIA

24

25

—Esos son los dientes de esta noche —le explica el Ratoncito Pérez—. Vienen de todo el mundo.

En medio de tanto ratoncito trabajando, Simón ve una cara conocida.
—¡Hola, Simón! —le saluda su amigo Ben.

El reno empuja una carretilla rebosante de dientes.
—Los ratoncitos necesitaban a alguien fuerte —dice orgulloso—.
He venido a echarles una mano.

RATONLANDIA

11

Un poco más lejos, Simón ve otros ratoncitos
sentados en bancos haciendo un corro.
—Esa es la escuela —dice el Ratoncito Pérez—. Aquí es donde
aprendemos a pasar por cualquier sitio y a escapar de
los gatos. ¡Es muy importante!

Simón mira a la maestra,
le recuerda a alguien…

—¡Hola, Simón! —le dice Josefina la cervatilla—.
¿Vienes a mi clase? Enseño a los ratoncitos a moverse
sin hacer ruido. Lo pasamos muy bien.

Tres de los ratoncitos están en pleno ejercicio.
Andan de puntillas sorteando los cascabeles que la cervatilla
les ha colocado a lo largo del recorrido de entrenamiento.
—No, gracias —responde Simón, que no tiene ninguna gana
de ir a clase. Prefiere continuar explorando este mundo tan
extraordinario.

Justo al lado de la escuela, y en plena calle, cinco ratoncitos se afanan tras unos escritorios repletos de teléfonos.

—¿Qué hacéis? —les pregunta Simón.

—Nos llaman de todas partes del mundo para decirnos el lugar exacto en el que a los niños se les ha caído un diente —le responde un ratoncito muy atareado.

—¿Os han llamado del Bosque de las Espinas? —pregunta Simón.
El ratón consulta un gran cuaderno.
—Así es —dice al fin—. Por un tal Simón, un mapache.

Ahora, el Ratoncito Pérez lleva a Simón a una casa grande con una chimenea también muy grande.

—Aquí es donde preparamos todos los regalos —dice—. Tenemos mucho trabajo, ¿sabes?

Simón lo sigue hasta el interior. ¡Qué maravilla!
Unos ratoncitos cocineros fabrican chocolatinas.
Huele deliciosamente bien.

¡Anda! Simón se cruza con su amigo Guille, que va cargado con rollos de papel transparente.

—Ayudo a los ratoncitos a preparar los paquetes —le cuenta la ardilla—. Y dicen que soy muy bueno.

A su lado, Guille amontona decenas de bolsitas cerradas
con lazos rojos.

—Puedes unirte a nosotros si quieres —propone la ardilla.

Pero el ratoncito ya está empujando la puerta de otro edificio.
—Este es nuestro museo —le indica—. Nos llegan dientes
de todo el mundo.

TIBURÓN

CASTOR

COCODRILO

OGRO

MORSA

Y así es, en el museo hay dientes por todos los rincones: dientes de tiburón, de castor, de cocodrilo, de hipopótamo…

HIPOPÓTAMO

NIÑOS

UNICORNIOS

OSOS

—Señoras, señores, la visita es por aquí —dice de repente una voz que Simón reconoce.
Con un gorro en la cabeza, Óscar hace de guía de un grupo de ratoncitos japoneses.

NIÑOS

UNICORNIOS

OSOS

TAMO

—Aquí pueden observar un diente de Papá Noel, de cuando
era niño —anuncia entusiasmado el zorro mostrando un diente
colocado sobre un cojín rojo.
Al instante, solo se oye el ruido de los *flashes* de las cámaras.
Los ratoncitos están fascinados.

—¿Mi diente podría entrar en el museo? —pregunta Simón muy interesado.

—Depende —responde el ratoncito—. ¿Está roto?

—No. Nunca me lo he golpeado.

—¿Y te lavas bien los dientes?

—Eh… —dice Simón un poco avergonzado.

—Si quieres que tu diente se muestre en el museo, debe estar perfectamente blanco.

—¡Simón! —le llama de repente su madre—. ¡Simón!
—Me tengo que ir —dice el mapache—. Mi madre viene a buscarme.
—¡Simón! ¡Simón!
Entonces, Simón abre los ojos y descubre a su madre inclinada sobre él.

—Te has quedado dormido sentado —le dice ella riendo.
¡Qué desilusión! Todo ha sido un sueño…
Y en realidad no ha conocido al Ratoncito Pérez.

—¿No vas a mirar debajo de la almohada para ver si el Ratoncito Pérez ha venido? —le pregunta su madre.

—¿Para qué? —refunfuña Simón.

Pero entonces, al levantar la almohada… ¡qué felicidad!

El Ratoncito Pérez no se ha olvidado y le ha dejado...
¡una bolsita transparente con un lazo rojo!

Dirección general: Gauthier Auzou
Responsable editorial: Laura Levy
Editora: Marine Courvoisier
Responsable de diseño gráfico: Alice Nominé
Responsable de fabricación: Cécile Alexandre-Tabouy
Fabricación: Virginie Pierson
Edición en español: MSA agencia editorial
Traducción: Llanos Toboso

www.auzou.fr